Das Zusammenspiel von Big Data und Cloud Computing. Eine Einführung in die Grundlagen

Tugce Kilickiran

Bibliografische Information der Deutschen Nationalbibliothek:

Die Deutsche Nationalbibliothek verzeichnet diese Publikation in der Deutschen Nationalbibliografie; detaillierte bibliografische Daten sind im Internet über http://dnb.d-nb.de abrufbar.

ISBN: 9783346285515
Dieses Buch ist auch als E-Book erhältlich.

Druck und Bindung: Books on Demand GmbH, Norderstedt Germany
Gedruckt auf säurefreiem Papier aus verantwortungsvollen Quellen

Das vorliegende Werk wurde sorgfältig erarbeitet. Dennoch übernehmen Autoren und Verlag für die Richtigkeit von Angaben, Hinweisen, Links und Ratschlägen sowie eventuelle Druckfehler keine Haftung.

Das Buch bei GRIN: https://www.grin.com/document/944759

FOM Hochschule für Ökonomie & Management Essen

Standort München

Berufsbegleitender Studiengang:
Wirtschaftsinformatik

Modul: Big Data & Data Science

Big Data in der Cloud

Autor(in)
Tugce Kilickiran

Inhaltsverzeichnis

Abkürzungsverzeichnis

BI	Business Intelligence
DBS	Datenbanksysteme
DW	Data Warehouse
EC2	Elastic Compute Cloud
ETL	Extract Transform Load
GCP	Google Cloud Plattform
GFS	Google-File-System
HDFS	Hadoop Distributed File System
IMDB	In-Memory-Datenbank
IoT	Internet of Things
NoSQL	Not only SQL

Abbildungsverzeichnis

1. Einleitung

Im heutigen Informationszeitalter werden die Daten über Sensoren von vielen unterschiedlichen physischen Geräten, Maschinen und Fahrzeugen generiert. Diese bilden die Basis für diverse Entscheidungen. Der Informationsaustausch und die Datensammlung werden durch die Vernetzung mit dem Internet unterstützt. Durch die Verlagerung der Aktivitäten der Unternehmen und auch Privatpersonen über die Internetpräsenzen, werden somit 30.000 Gigabyte neue Daten pro Sekunde erzeugt.[1] Um auf alle gespeicherten Daten jederzeit zuzugreifen, gibt es nun einen weiteren Lösungsansatz, dass Cloud Computing. Mithilfe des Cloud Computings entsteht eine flexible und skalierbare Hard- und Softwareinfrastruktur.[2] Hier wird nicht nur ein virtueller Speicherplatz über das Internet zur Verfügung gestellt, sondern auch ganze Entwicklungsumgebungen oder Softwaresysteme. Die gesamte Verwaltung der IT-Ressourcen erfolgt zentral, dementsprechend haben alle Nutzer gleichzeitig Zugriff auf die aktuellsten Daten. Bis zur Industrie 4.0 waren die klassischen Rechenzentren das Fundament der IT-Infrastruktur. Jedoch wurden durch die zunehmenden Anforderungen an die Informations- und Kommunikationstechnologie (IKT), die Rechenzentren vom Cloud-Konzept abgelöst.[3] Dieses Konzept ist heute eines der Treiber, welches für das extreme Datenwachstum verantwortlich ist.[4] Die Daten, welche uneingeschränkt und in exponentiellen Raten wachsen, sind sehr komplex, sodass die Rechenleistungen und die Speicherkapazitäten nicht mehr ausreichen, diese in relationale Datenbanken zu bearbeiten.[5] Mithilfe der Big Data Technologie werden die großen Datenmengen strukturiert und unstrukturiert in Realzeit zusammengeführt und analysiert. Dieses Verfahren dient zur Optimierung von Ressourcennutzungen und Geschäftsprozessen.[6] Obwohl Big-Data-Analysen und Cloud Computing unabhängig voneinander durchgeführt werden können, wird die Kombination beider Technologien als ein großes Potenzial angesehen.

---

[1] vgl. Nathan, Warren - Big Data: Entwicklung und Programmierung von Systemen für große Datenmengen und Einsatz der Lambda-Architektur (2016), S. 17
[2] vgl. Reinheimer – Cloud Computing: Die Infrastruktur der Digitalisierung (2018), S. 3
[3] vgl. Reinheimer – Cloud Computing: Die Infrastruktur der Digitalisierung (2018), S. 3
[4] vgl Gadatsch; Landrock – Big Data für Entscheider (2017), S. 5
[5] vgl. Gadatsch; Landrock – Big Data für Entscheider (2017), S. 5
[6] vgl. Kagermann - Chancen von Industrie 4.0 nutzen (2017), S. 137

1.1 Zielsetzung

Big Data und Cloud Computing sind mittlerweile zu einem festen Bestandteil im IT-Mainstream geworden. Währenddessen sich bei Big Data mit dem Umgang großer Datenmenge befasst, geht es bei Cloud Computing um virtuelle Infrastruktur und Dienste. Ziel dieser Seminararbeit ist es einen Überblick über die Cloud Computing- und Big Data-Grundlagen zu verschaffen. Der Fokus liegt hierbei jedoch auf dem Zusammenspiel von Big Data und Cloud Computing.

1.2 Vorgehensweise

In Kapitel 2 wird die Bedeutung der Begriffe Cloud Computing und Big Data definiert und in einer Übersicht über die wichtigsten Eigenschaften und Technologien geben. Nach der Begriffserklärung befasst sich das darauffolgende Kapitel 3, mit der Integration der Big Data Technik in der Cloud Umgebung. Hier werden die verschiedensten Formen an Cloud Services aufgezeigt, die von den Big Data Anwendungen unterstützt werden. Die Chancen und Herausforderungen der Big Data in der Cloud werden im 3.2 und 3.3 Kapitel behandelt.

2. Theoretischer Rahmen

In diesem Abschnitt der Arbeit werden die beiden Begriffe Big Data und Cloud-Computing sowie die technologischen Bestandteile erläutert.

2.1 Cloud-Computing

In der Industrie 4.0 hat ein neues Rechen- und Architekturparadigma Einzug gehalten, das sogenannte Cloud Computing. Für diesen Terminus existiert jedoch keine allgemeingültige Definition.[7] Die Cloud-Technologie ermöglicht die Nutzung von Infrastrukturen, Plattformen und Anwendungen als Dienste über das Internet. Die Darstellungsidee des Begriffes „Cloud" stammt aus der Netzwerktechnik, denn hier wird das Internet als eine Wolke dargestellt. Cloud Computing wird auch als eine „"On-Demand"-Infrastruktur und -Software bezeichnet.[8] Beim Cloud Computing wird dem Anwender unabhängig vom verwendeten Gerät und vom Standort der Zugriff auf die Daten, Anwendungen oder andere Dienste gewährleistet. Auf die Infrastruktur, die in der Regel von einem Drittanbieter bereitgestellt wird, wird mit Hilfe des Internets zugegriffen. Dadurch werden die Kosten auf ein erhebliches Maß reduziert. Beispielsweise wird ein Unternehmen mit einem klassischen Produktions- und Geschäftsprozess von einer Partei entworfen, durchgeführt und überwacht. In der Cloud-Architektur hingegen werden diese Prozesse von mehreren Teilnehmern betreut, da diese in das Internet verlagert werden.[9] „Cloud Computing gewinnt als neues Paradigma für die Nutzung von IT-Ressourcen aller Art, die »as a Service« über das Internet bereitgestellt werden, zunehmend an Bedeutung"[10]

Für die Übertragung einer Unternehmensanwendung in die Cloud Computing existieren folgende drei Service-Levels: Infrastructure as a Service (IaaS), Platform as a Service (PaaS) und Software as a Service (SaaS). Diese werden in der Abbildung 1 abgebildet. Die IaaS, basiert auf der physikalischen Abstraktionsschicht und stellt die

[7] vgl. Adelmeyer, M. u.a. (2017) - IT-Risikomanagement von Cloud-Services in Kritischen Infrastrukturen, S. 3
[8] vgl. Warkentin, V. (2014) - Das Green Datacenter: wenn Rechnen grün wird, S. 23
[9] vgl. Kagermann, H. (2017) - Chancen von Industrie 4.0 nutzen, S. 137
[10] Henneberger, M. u.a. - Ein Entscheidungsmodell für den Einsatz von Cloud Computing in Unternehmen, HMD - Praxis der Wirtschaftsinformatik, Heft 275/2010, S. 76-84, https://www.wiso-net.de/document/HMD__27C1EACA05DF0B72D7117C8B3D076AE7 , Abruf am 01.12.2018

erforderliche Infrastruktur für Services bereit. Somit muss der Client nicht die erforderlichen Server, das Rechenzentrum oder die Netzwerkressourcen erwerben. Der entscheidende Vorteil ist hier, dass der Anwender nur für die Zeit zahlen muss, in der er den Dienst nutzt.[11] Die mittlere Abstraktionsschicht PaaS, stellt eine Anwendungsentwicklungsumgebung als Dienst bereit. Diese bietet Nutzern einen hohen Abstraktionsgrad, der es ihnen ermöglicht, sich auf die Entwicklung, Testung und Überwachung ihrer Anwendungen zu konzentrieren und nicht um die zugrunde liegende Infrastruktur.[12] Die SaaS ist die oberste Schicht, die dem Nutzer eine vollständige Anwendung über das Internet bereit stellt. Die Anwendungen müssen daher nicht auf dem Benutzersystem installiert werden. Somit ist der Cloud Anbieter für die Wartung und das Hosting der Software verantwortlich.[13]

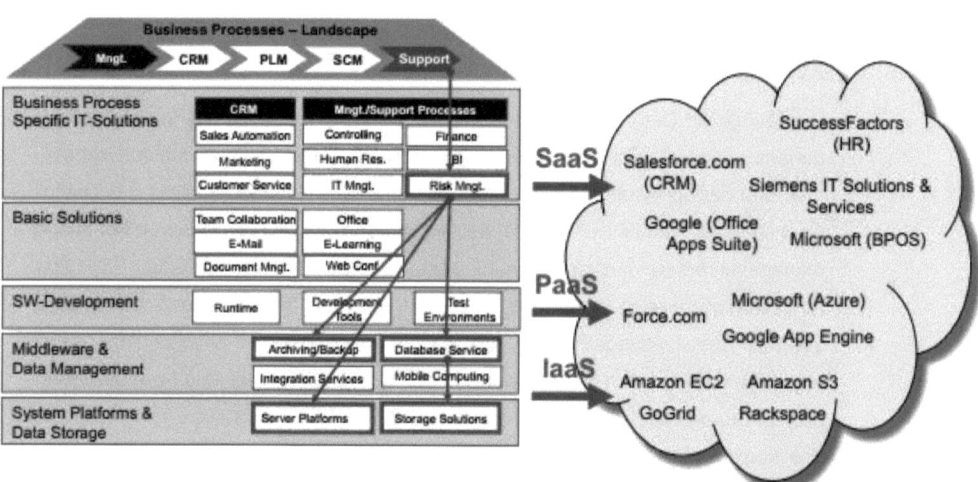

Quelle: Henneberger, M. u.a. - Ein Entscheidungsmodell für den Einsatz von Cloud Computing in Unter-nehmen, HMD - Praxis der Wirtschaftsinformatik, Heft 275/2010, S. 76-84, https://www.wiso-net.de/document/HMD__27C1EACA05DF0B72D7117C8B3D076AE7 , Abruf 01.12.2018

Abbildung 1 Servicemodelle für die jeweiligen Cloud-Szenarien

---

[11] vgl. Adelmeyer, M. u.a. (2017) - IT-Risikomanagement von Cloud-Services in Kritischen Infrastrukturen, S. 4

[12] vgl. Bhardwaj, S. u.a. – Cloud Computing: A study of Infrastructure as a service (IaaS), https://s3.amazonaws.com/academia.edu.documents/7299777/cloud%20computing%20a%20study%20of.pdf?AWSAccessKeyId=AKIAIWOWYYGZ2Y53UL3A&Expires=1548604737&Signature=ehDvIK8QKKqaBOX0gGXU7N1LaFI%3D&response-content-disposition=inline%3B%20filename%3DCloud_computing_A_study_of_infrastructur.pdf, Abruf am 01.12.2018

[13] vgl. Schneider, S. u.a. (2015) - Cloud-Service Zertifizierung, S. 7

Durch die drei Servicemodelle, die den technischen Grundansatz von Cloud Computing bilden, lassen sich beinah ganze IT-Abteilungen in das Internet auslagern. Die Wartungsarbeiten und das dafür nötige Personal ist nahezu nicht mehr erforderlich.[14] Unabhängig vom verwendeten Servicemodell gibt es vier Hauptarten, in denen Cloud-Dienste bereitgestellt werden. Hier kommt es jedoch darauf an, wie und von wem die Cloud eingesetzt wird. Die bekanntesten Modelle sind dabei die Private Cloud, Public Cloud, Hybrid Cloud und Community Cloud. Wie der Name „Private" Cloud schon aussagt, werden diese für einzelne Organisationen betrieben. Das „Public" Modell hingegen, steht der breiten Öffentlichkeit oder großen Industriegruppen zur Verfügung. Die Community Cloud wird zur ausschließlichen Nutzung durch eine bestimmte Gemeinschaft von Verbrauchern aus Organisationen bereitgestellt, die gemeinsame Interessen haben.[15]

2.2 Big Data

Die Menge an Daten, die täglich durch RFID, Mobil Services und Social Network generiert werden, explodiert. Das zunehmende Volumen digitaler und sozialer Medien und das „Internet der Dinge" (engl. Internet of Things (IoT)) treibt das Datenwachstum noch mehr an.[16] Mit IoT werden immer mehr Geräte mit dem Internet und miteinander verbunden, die digitale Dienste für diese Dinge bereitstellen.[17] Die Daten haben allein keine Bedeutung, wenn nicht relevante Informationen zur Unterstützung der Entscheidungsfindung extrahiert werden können. Die Analyse dieser enormen Datenmenge führt zu einer neuen Ära, „Big Data", welche eine Spezialisierung aus den Bereichen Business Intelligence und (BI) Data Warehouse (DW) ist.[18] Der Terminus Big Data wird auf verschiedene Sichtweisen definiert, sodass keine allgemeinverbindliche Definition existiert. „Dumbill bezeichnet es als Daten, die die Prozesskapazität von konventionellen Datenbanksystemen aufgrund der Menge, Schnelllebigkeit oder inkompatiblen Struktur überschreiten".[19] Gartner zum Beispiel

---

[14] vgl. Höllwarth, T. (2011) – Cloud Migration, S.29
[15] vgl. NIST Cloud Computing Standards Roadmap Working Group (2013, S. 10), NIST Cloud Computing Standards Roadmap Working Group (2013), https://ws680.nist.gov/publication/get_pdf.cfm?pub_id=909024 , Abruf am 05.12.2018
[16] vgl. Barton, T. (2014), E-Business und Cloud Computing, S. 69
[17] vgl. Fleisch, E. u.a. (2017), Geschäftsmodelle im Internet der Dinge, S. 134
[18] vgl. Bagnoloi, V. u.a. - Big Data – Ausschöpfung von Businessdaten, https://trends-in-der-it.de/downloads/Buch%20trends%20in%20der%20IT%20Final.pdf#page=44, Abruf am 06.12.2018
[19] King, S., Big Data - Potential und Barrieren der Nutzung im Unternehmenskontext, S. 34

sieht Big Data, als ein Informationskapital oder Vermögenswert an.[20] Im Allgemeinen versteht man unter diesem Begriff, eine Sammlung von Datensätzen, die so groß und komplex sind, dass es schwierig wird, sie mit herkömmlichen Datenbankverwaltungstools oder Datenverarbeitungsanwendungen zu verarbeiten.[21] Der traditionelle Data Warehouse arbeitet mit den abstrahierten Daten, die bereinigt und in eine separate Datenbank umgewandelt wurden, für die bestimmte Analysen im Voraus bekannt sind. Im Gegensatz dazu werden in Big Data-Systemen Rohdaten in strukturierter und unstrukturierter Form gespeichert, unabhängig davon, ob es sich um Vorgänge, Benutzeraktivitäten, wie Website-Tracking oder andere reale Nutzungsdaten handelt.[22] „So wird Big Data als Möglichkeit zur Lösung von informatischen Problemen angepriesen, die bislang nicht oder nur mit hohen Kosten und zeitlichem Aufwand angegangen werden konnten."[23] Ziel von Big Data ist es, eine schnelle und effiziente Auswertung von großen unterschiedlichen strukturierten an Daten zu gewährleisten. Deshalb werden die Daten in einer spaltenorientierten „In-Memory-Datenbank (IMDB) abgespeichert.[24] Im Gegensatz zu klassischen Datenbanksystemen (DBS) erhöht sich die Lesegeschwindigkeit in einer IMDB. Da sich die Daten im Hauptspeicher befinden, muss hier kein I/O-Zugriff auf die Festplatte erfolgen.[25] Aus diesem Grund wird mit Big Data ein Geschwindigkeits- und Wirtschaftlichkeitsvorteil erzielt.

2.2.1 Eigenschaften

Laut Gartner besteht Big Data aus Informationen mit hohem Volumen, hoher Geschwindigkeit und vielfältigen Informationen, die für kosteneffiziente, innovative Formen der Informationsverarbeitung erforderlich sind.[26] Um die wichtigen Fragestellungen beantworten oder finanziellen Nutzen aus den verarbeiteten und analysierten Daten ziehen zu können, wurde das sogenannte V-Modell mit den Eigenschaften: „Volume", „Variety", „Velocity" und „Veracity" aufgestellt. Diese Dimensionen werden

---

[20] vgl. Meier, A. (2018) - Werkzeuge der digitalen Wirtschaft: Big Data, NoSQL & Co., S. 5
[21] vgl. König, C.. u.a. (2018) – Big Data, S. 18
[22] vgl. Dorschel, J. (2014) - Praxishandbuch Big Data, S. 309
[23] Kolany-Raise, B. u.a. (2018) - Big Data und Gesellschaft, S. 2
[24] Barton, T. (2014), E-Business und Cloud Computing, S. 70
[25] vgl. Dr. Loos, P. - In-Memory-Datenmanagement in betrieblichen Anwendungssystemen, https://pdfs.semanticscholar.org/6b33/dde50202d2fa0d6f754ad6b8c963732c4e84.pdf , Abruf am 06.12.2018
[26] vgl. Bachmann, R. (2014) - Big Data-Fluch oder Segen?, S. 23

verwendet, um verschiedene Aspekte von Big Data zu beschreiben.[27] Die drei wichtigen Grundeigenschaften von Big Dat, die in der Abbildung 2 dargestellt wird, beziehen sich auf die ansteigende Datengröße, welche aus verschiedene Quellen schnell erfasst werden und in mehreren Typen vorhanden sind.

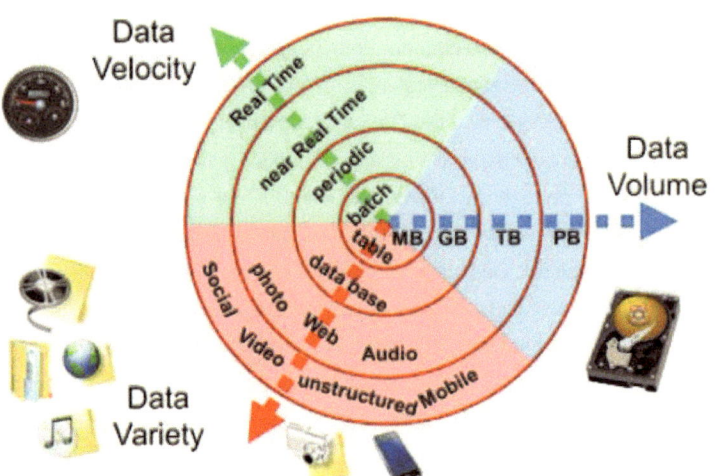

Quelle: Klein, D. u.a., Big Data, https://link.springer.com/content/pdf/10.1007/s00287-013-0702-3.pdf , Aufruf am 06.12.2018

Abbildung 2 3-V-Modelle von Gartner für Big Data

Im Lauf der Jahre werden in Unternehmen eine Menge an Daten gesammelt, die leicht den Punkt erreichen, an dem herkömmliche DBS nicht in der Lage sind damit umzugehen. Laut Statista wird im Jahr 2025 ein Datenaufkommen von 175 Zettabyte erwartet.[28] Die Eigenschaft Volume bezeichnet die Größe der Daten und deren Speicherbedarf. Mit Hilfe der Big Data-Technologien werden diese in Peta-, Exa- und

---

[27] vgl. Kaisler, S. u.a. - Big Data: Issues and Challenges Moving Forward, https://www.computer.org/csdl/proceedings/hicss/2013/4892/00/4892a995.pdf, Abruf am 10.12.2018

[28] vgl. IDC / Statista 2019 , https://de.statista.com/statistik/daten/studie/267974/umfrage/prognose-zum-weltweit-generierten-datenvolumen/, Abruf am 10.12.2018

Zettabytes gemessen.[29] Es ist der schwierigste Aspekt von Big Data, weil ein ska-lierbarer Speicher und ein verteilter Abfrageansatz für die kontinuierlich wachsenden Datenmengen erforderlich sind.[30] Die Eigenschaft, Velocity bezieht sich hier auf die Geschwindigkeit, mit der die Daten erzeugt und verarbeitet werden. „Dabei werden Daten nicht mehr auf Festplatten gespeichert und durch sequenzielle Verarbeitungs-schritte prozessiert, sondern in »Echtzeit« im Hauptspeicher für Weiterverarbeitung und Analyse verfügbar gemacht."[31] Der Variety-Aspekt, bezeichnet die Vielfalt der vorhandenen Datenquellen und Datenformate. Im Gegensatz zu klassisch struktu-rierten Daten existieren in Big Data auch die semi-strukturierten Daten, die aus ver-schiedenen Ressourcen, wie Webseiten, E-Mail, Sensorgeräte etc. gesammelt wer-den.[32] Die produzierten Daten haben nicht alle dieselbe Form, dies erschwert die Analyse zusätzlich. Veracity, bezieht sich auf Zuverlässigkeit der Dateninhalte, die in Big Data allerdings selten gebracht werden.[33] Bei vielen verschiedenen Datenty-pen sind Qualität und Zuverlässigkeit der Daten weniger kontrollierbar. Obwohl es mit der Big Data-Technologie möglich ist mit allen Arten von Daten zu arbeiten, muss bei Analysen eine Unsicherheit berücksichtigt werden. Ein Beispiel hierfür sind die Social-Media-Anwendungen, wie Blogs oder Foren, welche sich durch ihre unter-schiedlichen zeitlichen und inhaltlichen Kontexte voneinander unterscheiden.[34]

Die vier V's stellen eine Reihe von Herausforderungen dar, die Auswirkungen auf die Energieeffizienz der zugrunde liegenden Netzwerke haben, weil sie für den Trans-port von großen Datenmengen verantwortlich sind.[35] Um die Eigenschaften besser zu verstehen, wird Big Data in verschiedene Kategorien eingeteilt. Die Klassifizie-rung basiert auf fünf Aspekten, die in Abbildung 3 visualisiert werden.

---

[29] vgl. Bachmann, R. (2014) - Big Data-Fluch oder Segen?, S. 24
[30] vgl. Dorschel, J. (2014) - Praxishandbuch Big Data, S. 6
[31] Bachmann, R. (2014) - Big Data-Fluch oder Segen?, S. 24
[32] vgl. Desoi, B. (2018) - Big Data und allgemein zugängliche Daten im Krisenmanagement, S. 14
[33] vgl. Klein, D. u.a., Big Data, https://link.springer.com/content/pdf/10.1007/s00287-013-0702-3.pdf , Abruf am 06.12.2018
[34] vgl. Dorschel, J. (2014) - Praxishandbuch Big Data, S. 8
[35] vgl. Al-Salim, A. u.a., Greening Big Data Networks: The Impact of Veracity, https://arxiv.org/ftp/ar-xiv/papers/1812/1812.10307.pdf, Abruf am 08.12.2018

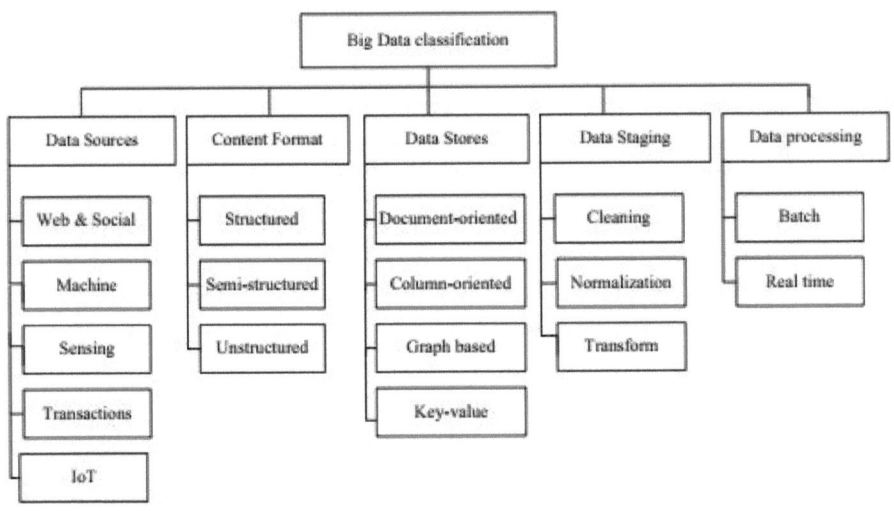

Quelle: Hashem, I. u.a., The rise of "Big Data" on cloud computing: Review and open research issues, https://umexpert.um.edu.my/file/publication/00001293_117865.pdf, Abruf am 09.12.2018

Abbildung 3 Einteilung der Big Data in Kategorien

2.2.2 Technologie

„Die Verarbeitung großer Datenmengen steht seit über 50 Jahren im Mittelpunkt der Datenbankforschung und -entwicklung".[36] Die traditionellen relationalen Datenbanken unterliegen Skalierungsbeschränkungen für die semistrukturierten Daten. Zur Verarbeitung der großen Datenmengen, wurde die NoSQL-Datenbank entwickelt, welche die klassischen SQL-Datenbanken bei der Verarbeitung von Audio-, Video- und Bild-Dateien ergänzen sollen. Die Not only SQL (NoSQL) -Datenbanken sind schemafrei, sodass die unterschiedlich strukturierten Daten effizient und hoch skalierbar gespeichert und verarbeitet werden können. Die Datenerhaltungsarchitektur einer NoSQL ist im Gegensatz zum SQL verteilt. Hier werden die Daten nicht wie üblich in Tabellen, sondern in Spalten als Key/Value oder Spaltenfamilien, Graphen und Dokumenten gespeichert.[37]

---

[36] Freytag, J. - Grundlagen und Visionen großer Forschungsfragen im Bereich Big Data, https://link.springer.com/content/pdf/10.1007%2Fs00287-014-0771-y.pdf, Abruf 07.12.2018
[37] vgl. Meier, A. (2018) - Werkzeuge der digitalen Wirtschaft: Big Data, NoSQL & Co., S.11

Apache Hadoop hingegen ist ein Open-Source-Framework für die Verarbeitung und Abfrage großer Datenmengen auf einem verteilten System.[38] Der Schöpfer von Hadoop ist Doug Cutting, welcher die Programmbibliothek Apache Lucene für Volltextsuche entwickelt hat.[39] Seinen Ursprung hat Hadoop im Projekt Apache Nutch, welches ein Subprojekt von Apache Lucene war. Die Herausforderung hier war es, die parallelen Berechnungen auf wenigen Rechnern zu kontrollieren. Nachdem Doug das Google-File-System (GFS) veröffentlichte, änderten sich die Implementierungsziele im Projekt Nutch. Daraus resultierend wurde das Framework „Hadoop" geboren.[40] Der Framework Hadoop basierend auf Java wurde entwickelt, um die geringe Leistung und die Komplexität zu vermeiden, die bei der Verarbeitung und Analyse von Big Data mit traditionellen Technologien auftreten.[41] Diese wird von zwei Hauptfunktionen unterstützt: Hadoop Distributed File System (HDFS) und Map/Reduce. HDFS ist ein verteiltes, skalierbares und portables Dateisystem, das in Java für das Hadoop-Framework geschrieben ist. Dies ermöglicht eine effiziente Speicherung der Daten auf einem Cluster von Rechnern. Hier werden die Datenblöcke, mit einer festen Länge unterteilt und verteilt.[42]

Map/Reduce, welches 2004 von Google eingeführt wurde,[43] ist ein Programmiermodell zum Verarbeiten und Generieren großer Datensätze mit einem parallelen, verteilten Algorithmus in einem Cluster.[44] Es gliedert die Verarbeitung in drei Phasen: „map()", „shuffle()" und „reduce()", welches in der Abbildung 4 abgebildet ist. Die map() Funktion nimmt ein Eingangspaar und erzeugt eine Zwischenliste von Schlüssel/Wert Paaren als Ausgabe. Diese ist wie folgt definiert: **„map (k1,v1) → list(k2,v2)".[45]**

---

[38] vgl. Barton, T. (2018) - E-Business und Cloud Computing, S. 71
[39] Vgl. White, T. (2012) – Hadoop: The Definitve Guide, S. 9
[40] vgl. Turkington, G. (2013) - Hadoop Beginner's Guide, S.15
[41] vgl. Ossous, A. u.a. - Big Data technologies: A survey, https://reader.elsevier.com/reader/sd/pii/S1319157817300034?token=0E12A9F4A0E1CB1A3BB320C3F4549A7BDAE5EA8638B7795841D9C307DE9F4888F3E9CE96CB2896C831EF60C62BD7314F, Abruf am 07.12.2018
[42] vgl. Härting, R. (2014) - Big Data - Daten strategisch nutzen!, S.13
[43] vgl. Gray, J. u.a. - Towards a MapReduce Application Performance Model, https://pdfs.semanticscholar.org/a66d/de888697221826b6c02a0bf7bd9e2d1b1d33.pdf, Abruf am 08.12.2018
[44] Vgl. White, T. – Hadoop: The Definitve Guide, S. 17
[45] Dean, J. u.a. - MapReduce: Simplified Data Processing on Large Clusters, https://static.googleusercontent.com/media/research.google.com/de//archive/mapreduce-osdi04.pdf, Abruf am 08.12.2018

Die MapReduce-Bibliothek gruppiert alle Zwischenwerte, die demselben Zwischen-
schlüssel zugeordnet sind, und übergibt sie an die Funktion shuffle(). Ziel von der
shuffle() Phase ist es, die Sortierung der Zwischendaten und darauffolgend die Ver-
teilung in Clusterknoten. Diese Phase wird technisch initiiert, bevor die map() Phase
abgeschlossen wird. Die sortierten Gruppierungen werden anschließend an die re-
duce() Phase weitergeleitet. Diese führt die einzelnen Gruppierungen wieder zusam-
men. Reduce ist wie folgt festgelegt: „**reduce (k2,list(v2)) → list(v2)**".[46]

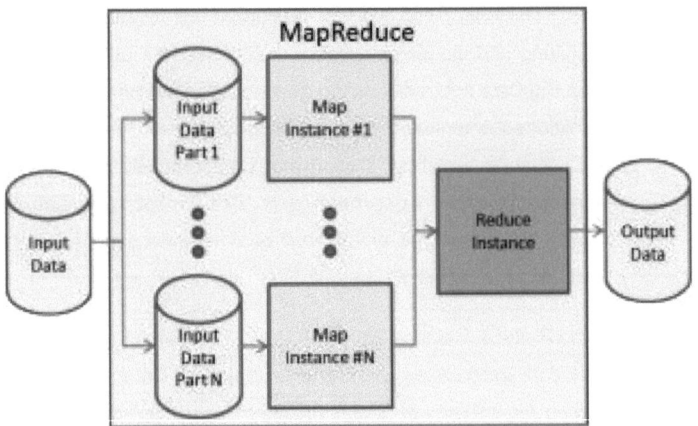

Quelle: Verma, K. u.a. - Big Data: Does it Call for Distributed File System, http://ci-
teseerx.ist.psu.edu/viewdoc/download?doi=10.1.1.736.1411&rep=rep1&type=pdf **, Abruf
am 15.12.2018**

Abbildung 4 Ablauf der MapReduce Phase

---

[46] Dean, J. u.a. - MapReduce: Simplified Data Processing on Large Clusters, https://static.googleusercon-
tent.com/media/research.google.com/de//archive/mapreduce-osdi04.pdf , Aufruf am 08.12.2018

3. Zusammenspiel von Big Data und Cloud Computing

Big Data in Cloud ist ein neues Paradigma für die Entwicklung der nächsten Generation von Analysen, dass die gemeinsame Nutzung großer Mengen von Daten in großem Umfang ermöglicht.[47] „Big Data ist eng mit dem Cloud Computing verbunden, da erst durch die Konzepte aus dem Cloud Computing die für Big Data-Anwendungen benötigten Ressourcen (sowohl Rechen- als auch Speicherkapazität) in ausreichendem Maße und dazu noch sehr kostengünstig zur Verfügung stehen."[48] Cloud wurde als ein serviceorientiertes Computermodell entwickelt, um Infrastruktur, Plattform und Anwendungen als Dienste für die Endbenutzer bereitzustellen. Big Data erfordert durch das hohe Datenvolumen umfangreiche Speicher- und Rechnerressourcen, was für viele Unternehmen immer noch eine finanzielle Schwierigkeit darstellt.[49] Cloud Computing liefert all dies durch Hardware-Virtualisierung.[50] Der Hauptzweck der Virtualisierung ist die visuelle Darstellung von Analyseergebnissen. Ein Großteil der Konstruktionen in Big Data ist virtuell und konzentriert sich auf Cloud Computing.[51] Hier befinden sich die Daten und Software in großen, externen Zentren, auf die Benutzer bei Bedarf zugreifen können, sodass sie keine eigene Hardware kaufen und vor Ort warten müssen. Durch die Virtualisierung werden die Vorteile von Big Data ohne hohe Kosten ausgeschöpft. „Big Data in der Cloud stellt also eine Alternative zum Aufbau und zur Nutzung einer klassischen Datenanalysearchitektur dar, bei der sowohl die notwendige Hard- und Software vor Ort installiert ist."[52] Dieses Zusammenspiel bietet eine hohe Skalierbarkeit in Bezug auf den Ressour-

---

[47] vgl. Bachiega, J. u.a. (2018), An Architecture for Cost Optimization in the Processing of Big Geospatial Data in Public Cloud Providers, https://ieeexplore.ieee.org/stamp/stamp.jsp?tp=&arnumber=8457748, Abruf am 08.12.2018
[48] Fasel, D. u.a, Big Data - Grundlagen, Systeme und Nutzungspotenziale, S. 180
[49] PWC, Big Data – Bedeutung Nutzen Mehrwert, https://www.pwc.de/de/prozessoptimierung/assets/pwc-big-data-bedeutung-nutzen-mehrwert.pdf, Abruf am 08.12.2018
[50] vgl. Neves, P. u.a., Big Data in Cloud Computing: features and issues, http://acme.able.cs.cmu.edu/pubs/uploads/pdf/IoTBD_2016_10.pdf, Aufruf am 08.12.2018
[51] vgl. Marx, V. - THE BIG CHALLENGES OF BIG DATA http://pic.b.qs1401.com/42548/pdf/bigbiol-data_nature13.pdf, Abruf am 08.12.2018
[52] Leimbach, T. u.a. – Big Data in der Cloud, https://www.tab-beim-bundestag.de/de/pdf/publikationen/berichte/TAB-Hintergrundpapier-hp019.pdf, Abruf am 10.12.2018

cenverbrauch, geringen Verwaltungsaufwand, Flexibilität im Preismodell und Mobili-
tät für den Software-Benutzer. Vor allem entsteht für die Anwender ein vorteilhafter
IT-Support, weil die Dienste über das Internet zur Verfügung gestellt werden.[53]

3.1 Cloudbasierte Big Data Lösungen

Obwohl Cloud Computing von vielen Organisationen weitgehend akzeptiert wird, be-
findet sich die Forschung zu Big Data in der Cloud noch in einem frühen Stadium.
Jedoch wird Big Data von den schnell wachsenden cloudbasierten Anwendungen
angetrieben, die mithilfe von Virtualisierungs-Technologien entwickelt wurden. In diesem Zusammenhang bietet Cloud Computing daher nicht nur Möglichkeiten zur Ver-
arbeitung von Big Data, sondern dient auch als Servicemodell.[54] Als kommerzielles
Vorbild dienen die cloudbasierten Big Data Lösungen, wie Google Cloud Plattform
(GCP), Amazon Web Services (AWS) und Microsoft Azure. Amazon Web Services
mit seiner Elastic Compute Cloud (Amazon EC2) ist einer von den bekanntesten
IaaS-Dienstanbietern. Eine der wichtigsten Anforderungen ist die Verfügbarkeit von
JavaScript-API zur Durchführung der Speicherung und Analyse von Daten über die
Client-basierte Web-Technologie.

Mithilfe von AWS kann der Nutzer Server mieten, auf denen sie ihre eigenen Anwendungen ausführen können. Hier bietet EC2 - die Möglichkeit virtuelle Instanzen aus
einem Betriebssystemimage zu starten. Somit kann ein Anwender auf Anforderung
Instanzen starten und beenden, wobei er die aktiven Instanzen stundenweise be-
zahlt.[55] AWS ist nicht Open Source, hat aber einen großen Einsatz in der elastischen
Plattform. Je nach seiner Anforderung kann Big Data mit AWS individuell im Unternehmen eingesetzt werden. Beispielhaft sind die, Big-Data-Analysen On-Demand,
Click-Stream Analysen und Ergebnisgesteuertes Extract, Transform, Load (ETL).[56]

---

[53] vgl. Härting, R. (2014) - Big Data - Daten strategisch nutzen!, S.21
[54] vgl. Hashem, I. u.a. -The rise of "big data" on cloud computing: Review and open research issues, https://umexpert.um.edu.my/file/publication/00001293_117865.pdf, Abruf am 11.12.2018
[55] vgl. White, T. (2012) – Hadoop: The Definitve Guide, S. 269
[56] vgl. Amazon AWS, https://aws.amazon.com/de/big-data/use-cases/., Abruf am 11.12.2018

Nach AWS ist die Google Cloud Plattform - heute einer der führenden Anbieter, die Cloudlösungen für Big Data umfasst. Sie bestehen aus einer Reihe von Komponenten, die ein vollständiges Big-Data-System unterstützen.[57] Im Jahr 2000 legte Google mit wenigen Prinzipien den Grundstein für die Big-Data-Strategie fest.[58] GCP bietet den Softwareentwicklern verschiedene Produkte, um eine Reihe von Programmen zu erstellen, von einfachen Websites bis zu komplexen, weltweit verteilten Anwendungen.[59] Für die Big-Data-Analysen der Daten über Web-Technologien, ist Google BigQuery der am besten geeignete Cloud-Service. Es ist ein serverloses und skalierbares DW, das auf der Google Cloud-Plattform basiert. Weitere wichtige Produkte sind, Google App Engine als PaaS für Sandbox-Webanwendungen und Google Computer Engine als IaaS, mit der Benutzer virtuelle Maschinen bei Bedarf starten können.[60]

Microsoft Azure ist ein Cloud-Service, mit dem Entwickler Anwendungen über das globale Netzwerk von Rechenzentren erstellen, bereitstellen und verwalten können.[61] Sie bietet Dienste in allen drei Kategorien an: SaaS, PaaS und IaaS. Gleichzeitig werden zahlreiche Programmiersprachen, Tools und Frameworks für Microsoft-Technologien sowie andere Software und Systeme von Drittanbietern unterstützt. Mehrere Cloud-basierte Technologien jedoch müssen sich mit dieser neuen Umgebung auseinandersetzen, weil der Umgang mit Big Data für die gleichzeitige Verarbeitung immer komplizierter wird.[62]

3.2 Chancen

Die Integration von Cloud Computing in Big Data bietet viele Vorteile. Aufgrund der großen Datenmengen und der Größe, erhöht sie den Bedarf an mehreren Servern. Diese arbeiten parallel und stellen hohe Anforderungen in Geschwindigkeit und Variabilität an die großen Datenmengen. Da jedoch Cloud Computing bereits mehrere

[57] vgl. Tigani, J. u.a. (2014) – Google BigQuery Analytics, S. 8
[58] vgl. Tigani, J. u.a. (2014) – Google BigQuery Analytics, S. 7
[59] vgl. Challitam S. u.a., A Precise Model for Google Cloud Platform , https://ieeexplore.ieee.org/stamp/stamp.jsp?tp=&arnumber=8360326, Abruf 11.12.2018
[60] vgl. Ciurana, E. (2009) - Developing with Google App Engine, S. 1
[61] vgl. Microsoft – Microsoft Azure, https://azure.microsoft.com/en-us/overview/what-is-azure/, Abruf am 11.12.2018
[62] vgl. Ji, C. u.a. - Big Data Processing in Cloud Computing Environments, https://ieeexplore.ieee.org/stamp/stamp.jsp?tp=&arnumber=6428800, Abruf 11.12.2018

Server nutzt, ermöglicht sie die Zuweisung von Ressourcen. Aus diesem Grund ist die Integration Ideal, um Big Data auf diesen Cloud-Multiservern aufzubauen und die Ressourcenzuweisungsverfügbarkeit zu nutzen, die von den Cloud-Umgebungen bereitgestellt wird. Dies würde zu einer besseren Effizienz bei der Analyse von Big Data führen. [63] Somit können Geschäftsprozesse exakt dargestellt und optimiert werden. Durch die Verwendung eines Cloud-Speichers wird die Leistung eindeutig verbessert. Da diese hauptsächlich auf Remote-Multi-Servern basieren, ist es möglich, riesige Datenmengen gleichzeitig zu verarbeiten. Ausdrücklich führt die Integration der beiden Technologien zu anschaulichen Kostensenkungen. „Während im Zusammenhang mit Big Data Umsatzsteigerungen eine größere Bedeutung beigemessen wird, überwiegt im Zusammenhang mit Cloud Computing das Potenzial für Kostensenkungen."[64] Darüber hinaus sorgt der Einsatz von Cloud Computing für eine schnellere Bereitstellung von Big Data, da die Bereitstellung von Servern in der Cloud so einfach und möglich ist. Basierend auf den Verarbeitungsanforderungen der Big Data kann die verwendete Cloud-Umgebung entsprechend skaliert werden. Diese schnelle Bereitstellung ist für Big Data sehr wichtig, da der Wert der Daten mit der Zeit rapide abnimmt.[65] Im Allgemeinen ergänzt Cloud-Computing Big Data und ermöglicht eine komfortable, bedarfsorientierte und gemeinsam genutzte Umgebung mit minimalem Verwaltungsaufwand.[66]

3.3 Herausforderungen

Trotz all dieser Vorteile der Integration zwischen Cloud Computing und Big Data gibt es einige Herausforderungen, die bei der Bereitstellung von Big Data in einer Cloud-

[63] vgl. Cloud Standard Customer Concil, Deploying Big Data Analytics Applications to the Cloud: Roadmap for Success ,http://www.thesupplychaincloud.com/wp-content/uploads/2014/07/Deploying-Big-Data-Analytics-Applications-to-the-Cloud.pdf, Abruf am 15.12..2018
[64] Leimbach, T. u.a. – Big Data in der Cloud, https://www.tab-beim-bundestag.de/de/pdf/publikationen/berichte/TAB-Hintergrundpapier-hp019.pdf , Abruf am 17.12.2018
[65] vgl. Jain, V. u.a. - Big Data Analytic Using Cloud Computing, https://www.researchgate.net/profile/Dr_Shishir_Kumar2/publication/276360848_Big_Data_Analytic_Using_Cloud_Computing/links/5558353f08ae6fd2d82503b4/Big-Data-Analytic-Using-Cloud-Computing.pdf, Abruf 17.12.208
[66] vgl. Jain, V. u.a. - Big Data Analytic Using Cloud Computing, https://www.researchgate.net/profile/Dr_Shishir_Kumar2/publication/276360848_Big_Data_Analytic_Using_Cloud_Computing/links/5558353f08ae6fd2d82503b4/Big-Data-Analytic-Using-Cloud-Computing.pdf , Aufruf 17.12.208

Umgebung berücksichtigt werden sollten. Die grundlegende Sicherheitslücke, welche berücksichtigt werden sollte, ist der Schutz der Big Data Cloud-Umgebung.[67] Beispielhaft werden wichtige und persönliche Informationsdaten durch die Nutzung von Sozial Medien oder Mobiltelefon hinterlassen, die für bestimmte Auswertungen benutzt werden können. Obwohl die personenbezogene Daten gemäß Art. 2 Nr. 1 DS-GVO und § 1 Abs. 1 BDSG und „ePrivacy-Verordnung" geschützt werden, gibt es in der DS-GVO keinen direkten Bezug zu Big Data.[68] „Das heutige Modell des Datenschutzes erlaubt es, mehr oder weniger alles mit den personenbezogenen Daten zu machen, solange man die Einwilligung der Verbraucher bekommen hat".[69] Aus diesem Grund bezweifeln viele Anwender, dass ihre in der Public-Cloud abgelegten Daten vor dem unerlaubtem Zugriff geschützt sind. Die Kernherausforderung der cloudbasierten Big Data Lösung ist es, die in der komplexen Infrastruktur enthaltenen Daten zu schützen.

Eine weitere Herausforderung in der Big Data-Cloud ist, das fehlende Know-how. „Etwa jedes zweite Unternehmen berichtet von fehlendem fachlichem oder technischem Know-how."[70] Im Bezug auf die Verknüpfung von Big Data mit der Cloud spielt das fehlende Wissen eine zentrale Rolle, um auch die richtige Deduktion ziehen zu können. Um diese Entscheidungsfindung zu stützen, sollte eine Big-Data-Strategie aufgestellt werden, damit nicht die Gefahr besteht im Datenchaos zu versinken.

Für das Einsetzen der Big-Data in die Cloud sollte ein ausreichendes Budget eingeplant werden, weil diese Cloud-Leistungen oftmals durch hohe Transaktionskosten gekennzeichnet sind. Laut einer Studie haben - „Einige der befragten Führungskräfte äußerten Bedenken hinsichtlich der Kosten für ein Upgrade der Infrastrukturen".[71]

Eine weitere Herausforderung sind Daten und deren Standort. In Big Data können sich die Daten an verschiedenen Orten befinden, durch die fehlende Schnittstelle mit

---

[67] vgl. Bagnoloi, V. u.a. - Big Data – Ausschöpfung von Businessdaten, https://trends-in-der-it.de/downloads/Buch%20trends%20in%20der%20IT%20Final.pdf#page=44 , Abruf am 18.12.2018
[68] vgl. König, C. u.a. (2018) - Big Data Chancen, Risiken, Entwicklungstendenzen, S. 157
[69] vgl. Schwarz, T. (2015) - Big Data im Marketing: Chancen und Möglichkeiten für eine effektive Kundenansprache, S. 124
[70] BARC Research Study, https://www.sas.com/content/dam/SAS/bp_de/doc/studie/ba-st-barc-bigdata-use-cases-de-2359583.pdf, Abruf am 20.12.2018
[71] vgl. IBM Institute for Business Value, https://www-935.ibm.com/services/de/gbs/thoughtleadership/GBE03519-DEDE-00.pdf, Abruf am 20.12.2018

der Cloud-Umgebung kommt es zu einer Verhinderung von Datenaustausch. Mit der zunehmenden Anzahl von Cloud-Benutzern müssen sich Cloud-Service-Provider außerdem mit dem Problem befassen, die angeforderten Daten den Benutzern in qualitativ hochwertige Dienstleistungen zur Verfügung zu stellen. Die Verfügbarkeit der gespeicherten Daten für die Big-Data Analysen in einer Cloud-Umgebung ist das Hauptdefizit.

4. Fazit

Big Data ist einer der wichtigsten neuen Technologien, die die Analyse, Erfassung und Verarbeitung von großen unstrukturierten und strukturierten Datenmengen ermöglicht. Durch die Automatisierung der Analysen wird betriebswirtschaftliches Nutzen für Unternehmen gewährleistet, weil nicht nur an Zeit, sondern auch an Geld gespart wird. Mithilfe von Computing werden umfangreiche Service zum Entwickeln, Sichern und Bereitstellen der Big-Data Anwendungen angeboten. Die voluminöseren Big Data Server-Cluster werden von effizienten Infrastrukturen der Cloud abgelöst, die den Bereitstellungszyklus verringern. Somit ist die Cloud Technologie das perfekte Medium für das Hosten von Big Data Anwendungen. Die Vorteile von Big Data in der Cloud sind sehr zahlreich und können somit viele Nutzer in ihren Bann ziehen. Nichtsdestotrotz stellt die Zusammenarbeit von den beiden Technologien einige Herausforderung dar. Big Data generiert sehr sensible und personenbezogene Daten. Problematisch wird es, wenn diese wichtigen Daten den eigenen Rechner verlassen und nicht ausreichend gesichert werden. Deshalb ist bei Big Data, die Gewährleistung einer Datensicherheit nach DSG, wie auch die technische Sicherheit sehr schwierig. Wenn eine cloudbasierte Big-Data Lösung im Unternehmen eingeführt werden soll, spielt die fachliche IT-Kompetenzen der Mitarbeiter auch eine wichtige Rolle, was unbedingt mitbetrachtet werden solle, bevor ein cloudbasiertes Big-Data-Projekt gestartet wird.

Litertaturverzeichnis

Monographien

Ciurana 2009
Eugene Ciurana: Developing with Google App Engine

White 2009
Thom White: Hadoop – The Definitve Guide, 2009

Höllwarth 2011
Dr. Tobias Höllwarth: Cloud Migration, 2011

Barton 2014
Thomas Barton: E-Business und Cloud Computing, 2014

Bachmann 2014
Ronald Bachmann, Guido Kemper, Thomas Gerzer: Big Data-Fluch oder Segen?, 2014

Warkentin 2014
Vitalij Warkentin: Das Green Datacenter: wenn Rechnen grün wird, 2014

King 2014
Stefanie King: Big Data-Potential und Barrieren der Nutzung im Unternehmenskontext, 2014

Freiknecht 2014
Jonaes Freiknecht: Big Data in der Praxis: Beispiellösungen mit Hadoop und NoSQL. Daten speichern, aufbereiten, visualisieren, 2014

Härting 2014
Ralf-Christian Härting: Big Data - Daten strategisch nutzen, 2014

Tigani 2014
Jordan Tigani, Siddartha Naidu: Google BigQuery Analytics, 2014

Schneider 2015
Stephan Schneider, Ali Sunyaev: Cloud-Service Zertifizierung- Ein Rahmenwerk und Kriterienkatalog zur Zertifizierung von Cloud-Services

Dorschel 2015
Joachim Dorschel: Praxishandbuch Big Data, 2015

Schwarz 2015
Torsten Schwarz: Big Data im Marketing: Chancen und Möglichkeiten für eine effektive Kundenan-sprache, 2015

Marz 2016
Nathan Marz, James Warren: Big Data: Entwicklung und Programmierung von Systemen für große Datenmengen und Einsatz der Lambda-Architektur, 2016

Kagermann 2017
Henning Kagermann: Chancen von Industrie 4.0 nutzen, 2017

Gadatasch 2017
Andreas Gadatsch, Holm Landrock: Big Data für Entscheider: Entwicklung und Umsetzung datengetriebener Geschäftsmodelle, 2017

Adelmeyer 2017
Michael Adelmeyer, Christopher Petrick, Frank Teuteberg: IT-Risikomanagement von Cloud-Services in Kritischen Infrastrukturen, 2017

Fleisch 2017
Elgar Fleisch, Markus Weinberger, Felix Wortmann: Geschäftsmodelle im Internet der Dinge, 2017

Reinheimer 2018
Stefan Reinheimer: Cloud Computing - Die Infrastruktur der Digitalisierung, 2018

König 2018
Christian König, Jette Schröder, Erich Wiegand - Big Data: Chancen, Risiken, Entwicklungstendenzen, 2018

Kolany-Raiser 2018
Barbara Kolany-Raiser, Reinhard Heil, Carsten Orwat, Thomas Hoeren: Big Data und Gesellschaft, 2018

Desoi 2018
Bernd Uwe Desoi: Big Data und allgemein zugängliche Daten im Krisenmanagement, 2018

Fasel 2018
Daniel Fasel, Andreas Meier: Big Data-Grundlagen, Systeme und Nutzungspotenziale, 2018

Meier 2018
Andreas Meier: Werkzeuge der digitalen Wirtschaft: Big Data, NoSQL & Co. - Eine Einführung in relationale und nicht-relationale Datenbanken, 2018

Barton 2018
Thomas Barton: E-Business und Cloud Computing, 2018

Internetquellen

- Matthias Henneberger, Jörg Strebel, Fabio Garzotto - Ein Entscheidungsmodell für den Einsatz von Cloud Computing in Unter-nehmen - HMD - Praxis der Wirtschaftsinformatik, Heft 275/2010 – URL: https://www.wisonet.de/document/HMD__27C1EACA05DF0B72D7117C8B3D076AE7, [Abruf am 01.12.2018]

- S. Bhardwaj, L. Jain, Samrat Jain – Cloud Computing: A study of Infrastructure as a service (IaaS) - URL:https://s3.amazonaws.com/academia.edu.documents/7299777/cloud%20computing%20a%20study%20of.pdf?AWSAccessKeyId=AKIAIWOWYYGZ2Y53UL3A&Expires=1548604737&Signature=ehDvIK8QKKqaBOX0gGXU7N1LaFI%3D&response-content-disposition=inline%3B%20filename%3DCloud_computing_A_study_of_infrastructur.pdf , [Abruf 01.12.2018]

- NIST Cloud Computing Standards Roadmap Working Group - NIST Cloud Computing Standards Roadmap Working Group – URL: https://ws680.nist.gov/publication/get_pdf.cfm?pub_id=909024 [Abruf am 05.12.2018]

- Vanessa Bagnoli, Eugen Martel und Benedikt Wagner - Big Data – Ausschöpfung von Businessdaten – URL: https://trends-in-der-it.de/downloads/Buch%20trends%20in%20der%20IT%20Final.pdf#page=44 [Abruf am 06.12.2018]

- Prof. Dr. Peter Loos - In-Memory-Datenmanagement in betrieblichen Anwendungssystemen – URL: https://pdfs.semanticscholar.org/6b33/dde50202d2fa0d6f754ad6b8c963732c4e84.pdf , [Aufruf am 07.12.2018]

- Dominik Klein, Phuoc Tran-Gia, Matthias HartmannBig Data – URL: https://link.springer.com/content/pdf/10.1007/s00287-013-0702-3.pdf, [Aufruf am 06.12.2018]

- Stephen Kaisler, Frank Armour, J. Alberto Espinosa, William Money - Big Data: Issues and Challenges Moving Forward, URL: https://www.computer.org/csdl/proceedings/hicss/2013/4892/00/4892a995.pdf [Abruf am 10.12.2018]

- IDC / Statista 2019 – URL: https://de.statista.com/statistik/daten/studie/267974/umfrage/prognose-zum-weltweit-generierten-datenvolumen/ [Abruf am 10.12.2018]

- Jeffrey Dean, Sanjay Ghemawat - MapReduce: Simplified Data Processing on Large Clusters - URL: https://static.googleusercontent.com/media/research.google.com/de//archive/mapreduce-osdi04.pdf [Abruf am 08.12.2018]

- Ibrahim Abaker Targio Hashem, Ibrar Yaqoob, Nor Badrul Anuar, Salimah Mokhtar, Abdullah Gani, Samee Ullah Khan - The rise of "big data" on cloud computing: Review and open research issues – URL: https://umexpert.um.edu.my/file/publication/00001293_117865.pdf, [Abruf am 09.12.2018]

- Johann-Christoph Freytag - Grundlagen und Visionen großer Forschungsfragen im Bereich Big Data – URL: https://link.springer.com/content/pdf/10.1007%2Fs00287-014-0771-y.pdf [Aufruf 07.12.2018]

- AhmedOussousa, Fatima-Zahra Benjellouna, Ayoub Ait Lahcenab, Samir-Belfkiha- Big Data technologies: A survey- URL: https://reader.elsevier.com/reader/sd/pii/S1319157817300034?token=0E12A9F4A0E1CB1A3BB320C3F4549A7BDAE5EA8638B7795841D9C307DE9F4888F3E9CE96CB2896C831EF60C62BD7314F [Abruf am 07.12.2018]

- Jared Gray, Dr. Thomas C. Bressoud - Towards a MapReduce Application Performance Model – URL: https://pdfs.semanticscholar.org/a66d/de888697221826b6c02a0bf7bd9e2d1b1d33.pdf [Abruf am 08.12.2018]

- International Journal of Computer Applications, Verma, K. u.a. - Big Data: Does it Call for Distributed File System – URL: http://citeseerx.ist.psu.edu/viewdoc/download?doi=10.1.1.736.1411&rep=rep1&type=pdf [Abruf am 15.12.2018]

- Bachiega, J. u.a., An Architecture for Cost Optimization in the Processing of Big Geospatial Data in Public Cloud Providers – URL: https://ieeexplore.ieee.org/stamp/stamp.jsp?tp=&arnumber=8457748 [Abruf am 08.12.2018]

- PWC - Big Data – Bedeutung Nutzen Mehrwert – URL: https://www.pwc.de/de/prozessoptimierung/assets/pwc-big-data-bedeutung-nutzen-mehrwert.pdf [Abruf am 08.12.2018]

- Neves, P. u.a., Big Data in Cloud Computing: features and issues, URL: http://acme.able.cs.cmu.edu/pubs/uploads/pdf/IoTBD_2016_10.pdf [Aufruf am 08.12.2018]
- Marx, V. - THE BIG CHALLENGES OF BIG DATA- URL: http://pic.b.qs1401.com/42548/pdf/bigbioldata_nature13.pdf [Abruf am 08.12.2018]

- Leimbach, T. u.a. – Big Data in der Cloud – URL: https://www.tab-beim-bundestag.de/de/pdf/publikationen/berichte/TAB-Hintergrundpapier-hp019.pdf [Abruf am 10.12.2018]

- Amazon AWS – URL: https://aws.amazon.com/de/big-data/use-cases/ [Aufruf am 11.12.2018]

- Challitam S. u.a., A Precise Model for Google Cloud Platform – URL: https://ieeexplore.ieee.org/stamp/stamp.jsp?tp=&arnumber=8360326 [Abruf 11.12.2018]

- Microsoft – Microsoft Azure – URL: https://azure.microsoft.com/en-us/overview/what-is-azure/ [Abruf am 11.12.2018]

- Cloud Standard Customer Concil, Deploying Big Data Analytics Applications to the Cloud: Roadmap for Success – URL: http://www.thesupplychain-cloud.com/wp-content/uploads/2014/07/Deploying-Big-Data-Analytics-Applications-to-the-Cloud.pdf [Abruf am 15.12.2018]

- BARC Research Study – URL:https://www.sas.com/content/dam/SAS/bp_de/doc/studie/ba-st-barc-bigdata-use-cases-de-2359583.pdf [Abruf am 20.12.2018]

- IBM Institute for Business Value – URL: https://www-935.ibm.com/services/de/gbs/thoughtleadership/GBE03519-DEDE-00.pdf [Abruf am 20.12.2018]